가짜 백점

2022년 5월 3일 발행

글 | 권태문
그린이 | 손재수
편집진행 | 유은주

펴낸이 | 조병철
펴낸곳 | 한국독서지도회
등록 | 2006년 5월 8일 (제2018-000066호)
주소 | 서울특별시 용산구 이촌로2가길 36, 5동 102호
TEL | 02-704-8520
FAX | 0303-3130-8590

◆ 잘못된 책은 바꿔 드립니다.

ISBN 978-89-7788-310-9 73190

어린이제품안전특별법에 의한 제품 표시

제조자명 한국독서지도회 | 제조년월 2022년 5월 | 제조국 대한민국 | 사용연령 8세 이상 어린이 제품
주소 및 연락처 서울특별시 용산구 이촌로2가길 36, 5동 102호 (02)704-8520

차례

하얀눈물　　　＿ 11

유미의 시험지　　　＿ 36

미꾸라지　　　＿ 56

쓰디쓴 말　　　＿ 78

하얀 눈물

"**선생님!** 돈이 없어졌어요."
경순이 울먹이면서 말했습니다.
"뭐라고? 돈이 없어졌다고? 얼마가 없어졌어?"
선생님은 경순에게 놀란 표정으로 물었습니다.
"5천원이에요."
선생님은 잠시 아이들을 쭉 훑어보았습니다.
'벌써부터 이런 도난 사건이 일어나면 어떡하지?'
선생님은 골치 아픈 일을 어떻게 처리해야 할지 고

민이 컸습니다. 선생님은 아이들 모두 두 눈을 감게 했습니다.

"아무도 보는 사람이 없다. 돈을 가져간 사람은 손들어 봐. 손들면 용서하겠다."

그러나 손드는 아이들은 하나도 없었습니다.

"그러면 돈을 가져간 사람은 쪽지에다 이름을 써내라."

선생님은 아이들을 눈을 뜨게 하고 쪽지에 이름을 쓰라고 하였습니다. 그러나 아무도 자기가 범인이라고 쓴 사람은 없었습니다.

'이런 일을 바로 잡지 않으면 안 돼. 종기는 빨리 도려내야 해.'

선생님은 좋은 수가 없을까 하고 생각했습니다.

'누굴까?'

선생님은 아이들의 얼굴을 둘러보며 하나하나 살폈습니다. 그러나 모두들 태연했습니다.

'누구를 의심해서는 안 되지.'

선생님은 고개를 가로 저으며 좋은 방법을 연구했습니다.

"앉은 순서대로 자기소개를 하기로 한다."

선생님은 차례대로 발표를 시켰습니다.

"저는 민철입니다. 저는 외아들입니다. 공부는 열심히 하는데 엄마에게 인정을 받지 못합니다. 저는 과학자가 되는 게 꿈이고요, 저의 장점은 무엇이나 가리지 않고 먹는 것이며, 단점은 숙제를 잘 해오지 않는 것입니다."

한식이의 차례가 되었습니다.

"저는 무엇이든지 잘합니다. 또 보다시피 잘 생겼습니다."

이 말이 끝나자 아이들은 술렁이며 웃기 시작했습니다.

"저는 체육을 잘합니다. 저는 커서 대통령이 되어 나라 살림을 잘 꾸려나가겠습니다."

한식이는 아주 당당했습니다. 그러나 다른 아이들과는 달리 좋은 점만 이야기 하였습니다.

발표는 1시간 만에 끝났습니다.

선생님은 발표가 끝난 뒤 여러 아이들에게 하나씩 물었습니다. 한식이 차례가 왔습니다.

"한식아, 넌 네 모습이 잘 생겼다고 생각하는데 구체적으로 어디가 가장 잘생겼다고 생각하니?"

"선생님, 다 잘 생겼어요."

"그래, 그렇다면 잘 생긴 차례대로 말해 볼래?"

"네. 코, 입, 귀, 그리고 이마, 다리입니다."

아이들은 한식이가 정말 뻔뻔하다고 생각하는지 코웃음을 쳤습니다.

"선생님이 생각해도 참 잘 생겼어. 그런데 손은 어떻지?"

선생님은 손을 말하지 않은 것에 대해 물었습니다.

"손요?"

선생님은 고개를 끄덕였습니다.

"손도 잘 생겼습니다."

한식이는 싱긋 웃었습니다.

"그 손으로 어떤 훌륭한 일을 하였지?"

"공부를 하고 어려운 사람을 도와주고 엄마의 심부름을 하였습니다."

"또 훌륭한 일이 없어?"

한식이는 그 말에 입을 다물었습니다. 선생님은 돈 찾는 일을 다음날로 미루었습니다.

그 이튿날이었습니다. 선생님은 그림 두 장을 그려 왔습니다. 손바닥을 그린그림인데 하나는 흰 손바닥이고 하나는 검은 손바닥이었습니다.

그림에 대한 느낌을 발표하게 하고 물었습니다.

"검은 손은 우리를 나쁘게 하는 손이다. 우선 손이 하는 일 중에서 나쁜 점을 발표해 보도록 하자."

한식이의 차례가 되었습니다.

"총을 가지고 사람을 죽이는 일입니다."

한식이는 서슴없이 말했습니다.

"또 없니?"

"사람을 때리거나 할퀴어서 상처를 내는 일입니다."

"그렇게 해봤어?"

"아니요. 우리 동네에서 그렇게 하는 아이들을 봤어요."

"손이 하는 것 중에서 나쁜 것이 또 없니?"

한식이는 이 물음에 그만 입을 다물었습니다.

"자, 너희들 중에서 돈을 훔쳐 본 사람도 있을 것이다. 우연히 또는 어쩌다가 그런 실수를 저지를 수 있단다. 그럴 땐 어떻게 하면 좋은지 말해보렴."

선생님은 돈 훔치는 일에 관해 이야기를 꺼냈습니다.

"그런 손은 잘라버려야 합니다."

회장인 윤길이가 말했습니다. 여자아이들은 그 말에 얼굴을 찡그렸습니다. 선생님은 한식이의 얼굴을 유심히 살폈습니다. 얼굴의 변화가 조금씩 오고 있었습니다. 웃는 것도 아니고 그렇다고 우는 것도 아닌 얼굴이었습니다. 아주 어정쩡한 표정이었습니다.

"그런 검은 손엔 낙인을 찍어두는 게 좋겠습니다. 카우보이들이 소의 엉덩이에 찍는 낙인 있잖아요."

"그런 사람은 죽어서 하늘에 올라가면 죄를 지은 대

로 벌을 받는데요. 손으로 죄를 지은 사람은 손을 자르고, 다리를 잘라서 짐승으로 만들어 주는 것이래요. 우리 할머니가 그렇게 말씀하셨어요."

아이들은 저마다 한 마디씩 말했습니다.

"그런 사람은 붙잡아서 경찰서로 보내야 합니다."

한식이의 차례가 되자, 한식이가 벌떡 일어나 이렇게 말했습니다.

"붙잡지 못한다면?"

선생님은 한식이를 은근히 바라보았습니다.

"붙잡도록 노력해야겠습니다."

"그래도 교묘한 방법으로 숨어버리면 어떡하지?"

"언젠가는 붙잡히고 말겁니다."

"그럴까?"

선생님은 고개를 갸웃거렸습니다.

선생님은 이튿날 글짓기 시간을 가졌습니다.

'하느님께.'

선생님은 칠판에다 이렇게 글씨를 쓰고 아이들을 둘러보았습니다.

"자신의 현재의 고민이나 어려운 심정을 하느님 앞으로 편지글로 써 보내는 것이다. 물론 자기 이름은 쓰지 않는다. 그러니 마음 놓고 써도 된다."

선생님은 종이 한 장씩을 아이들에게 돌렸습니다. 아이들을 다 쓰자 다 쓴 것을 모았습니다.

"자, 한 사람씩 나와서 자기 마음대로 골라 뽑아서 읽고 그 내용에 대한 자신의 의견을 말해 보는 거야."

선생님은 앞자리부터 차례대로 나와서 읽게 하였습니다. 제일 앞줄에 앉은 현숙이가 하나를 뽑아 읽었습니다.

"하느님, 저는 나쁜 아이입니다. 저는 정말 나쁜 아이입니다. 제가 저지른 죄는 하느님께서 다 알고 계실 거라는 생각이 듭니다. 하느님, 우선 저의 죄를

용서하여 주세요. 정말 부탁드립니다. 제가 지은 죄 때문에 저는 요즈음 고민을 합니다. 드러내놓고 말할 수가 없습니다. 그러나 해결할 길이 없습니다. 다시는 그런 죄를 짓지 않겠으니 꼭 한 번만 용서하여 주시기 바랍니다. 앞으로 착한 어린이가 되는지 하느님께서 보시면 아시게 될 것입니다. 꼭 약속드립니다."

현숙이가 읽기를 마쳤습니다.

"우리 반에 참으로 양심적인 친구가 있어 무척 반갑구나. 자기 죄를 뉘우치고 옳은 길로 가려는 생각이 아주 훌륭하구나. 이 편지에 대한 다른 사람의 이야기를 들어볼까?"

선생님은 아이들에게 물었습니다.

"제가 생각하기로는 벌써 이 친구는 착한 사람이 되었다고 봅니다."

"무슨 죄를 저질렀는지는 모르지만 하느님께서 용서

하여 주실 것이라고 믿습니다."

"저는 이 친구를 존경하고 싶습니다. 얼마나 용기 있는 친구입니까? 솔직하게 자기의 잘못을 뉘우치는 건 아무나 할 수 없습니다."

"저는 우리 반에 스스로 죄를 뉘우치는 이런 친구가 있다는 것을 무척 자랑스럽게 생각합니다. 하느님도 용서하시고 우리들도 용서하여야 되겠습니다."

"제가 만일 이 친구를 알 수 있다면 정말 달려가서 힘찬 악수를 나누겠습니다."

"저는 꼭 한 마디만 하겠습니다. 죄는 미워해도 사람은 미워해서는 안 된다고 들었습니다."

"이 용기 있는 친구를 위하여 힘찬 박수를 보냅시다."

마지막으로 회장인 윤길이가 외쳤습니다. 아이들은 일제히 힘차게 손뼉을 쳤습니다.

"자, 너희들의 의견도 선생님과 같구나. 우선 이 아

이의 솔직한 마음의 자세를 높이 칭찬하고 싶구나. 나도 이 아이를 위하여 하느님께 기도하지. 이다음에 이 아이는 선생님을 찾아주지 않아도 좋아. 나는 이 아이를 위하여 하느님께 간절히 빌 거야."

아이들이 다 돌아간 텅 빈 교실에서 선생님은 책을 읽고 있었습니다. 누구를 기다리고 있는 모습이었습니다.

'드르륵–!'

출입문이 슬며시 열렸습니다. 눈이 서글서글한 한식이의 얼굴이 선생님의 눈에 들어왔습니다.

"한식이가 웬일이니?"

선생님은 반갑다는 표정과 함께 다정하게 웃음을 보냈습니다. 한식이의 어깨에는 힘이 없었습니다. 한식이는 고개를 숙이고 선생님 앞에 섰습니다.

"말 안 해도 알아, 됐어. 거짓말하는 게 얼마나 마음 아픈지 이제 알겠지?"

선생님은 한식이의 어깨를 두드리면서 위로하였습니다.

한식이의 얼굴엔 두 줄기의 눈물이 흐르고 있었습니다.

"이제 됐다. 한식이는 아주 용기 있는 사람이야. 한 번의 잘못이 나쁜 것이 아니라 그걸 뉘우치고 솔직하게 말한 그 참된 용기가 바로 한식이를 올바른 사람이 되게 한 거야. 이젠 마음이 가볍지. 이건 선생님과 한식이, 이렇게 두 사람만 아는 거야. 비밀로 할 테니까 걱정 마."

선생님은 자리에서 일어나면서 한식이의 손을 잡았습니다. 한식의 얼굴은 그제야 조금씩 펴지기 시작했습니다.

"선생님!"

한식이는 선생님을 쳐다보며 5천 원짜리 지폐를 내밀었습니다. 선생님도 싱긋 웃으며 그 돈을 받았습니

다.

"어떠니? 이젠 마음이 가볍지?"

한식이는 방긋 웃으면서 고개를 끄덕였습니다.

"선생님도 어릴 적엔 남의 돈을 훔쳐 본 일이 있었단다."

"누구 것을요?"

"우리 엄마 돈."

선생님은 눈을 찡긋해 보였습니다.

"어디에다 쓰셨어요?"

"국화빵을 사서 이웃집 친구와 나누어 먹었거든. 그런데 말이야……."

선생님은 잠시 말을 멈추었습니다. 한식이는 다음 말을 기다리며 선생님을 쳐다봤습니다.

"엄마한테 그만 들키고 말았거든. 아주 혼났지. 세살 적 버릇 여든까지 간다고 회초리로 마구 맞았단 말이야."

"선생님, 어릴 적에 훔치는 버릇이 어른이 되어서도 고치기 어렵다는 거예요?"

"그럼. 그뿐인 줄 아니? 바늘 도둑이 소 도둑 된다고 마구 나무라셨어."

"그게 무슨 뜻이에요?"

"처음엔 조그마한 걸 훔치다가 나중엔 간이 커져서 아주 커다란 걸 훔치는 도둑이 된다는 거지. 선생님은 그 뒤부터 그런 일은 다시 안했어. 선생님은 한식이보다 훨씬 못해."

"왜요?"

"한식이는 잘못을 스스로 뉘우쳤지만 선생님은 엄마한테 들켜 야단맞고 반성했거든. 그러니 한식이가 선생님보다 훌륭하단 말이야."

"선생님, 그게 아니에요."

한식이는 쑥스러워 얼굴이 벌게진 채 말끝을 흐렸습니다.

"자기가 땀 흘려 노력하지 않고 돈을 가지려는 생각이 얼마나 나쁜가를 어른이 되어서야 알았지. 그래서 선생님은 열심히 성실하게 땀 흘리며 노력하는 거야. 미국의 초대 대통령인 워싱턴은 어릴 때 도끼가 얼마나 잘 드는가 시험하기 위해 집 정원에 있는 벚꽃나무를 베었단다. 아버지가 집에 와서 화난 목소리로 누가 벚꽃나무를 베었느냐고 물었거든. '아버지 제가 그랬습니다. 도끼가 얼마나 잘 드는가 싶어 나무를 찍었는데 그만 넘어졌어요. 처음부터 벨 생각은 없었어요.' 이렇게 스스럼없이 대답했단다. 솔직한 사람은 이렇게 대통령까지 될 수 있는 거야. 한식이는 이제 선생님과 무슨 일이든지 의논하고 말할 수 있겠지?"

한식이는 웃으면서 또 고개를 끄덕였습니다.

* 내용을 다시 생각해 볼까요?

1. 선생님이 돈을 훔쳐간 아이를 찾기 위해 시도한 방법은 어떤 것들이 있나요?

2. 한식이는 자기소개를 왜 칭찬만 하였을까요?

3. 한식이는 무엇 때문에 선생님을 찾아 갔을까요?

* 나라면 어떻게 할까요?

1. 자기소개를 해 보세요.

2. 세살 적 버릇 여든까지 간다, 바늘 도둑이 소 도둑 된다는 속담은 무슨 뜻인가요?

3. 잘못을 한 친구가 잘못했다고 용서를 빈다면 나는 어떻게 할까요?

유미의 시험지

유미는 오늘 국어 시험에서 백점을 맞았습니다. 처음으로 받은 백점입니다. 유미는 공부가 끝나자마자 곧장 집으로 달려왔습니다.
"엄마, 학교에 다녀왔습니다."
집에 오자마자 큰소리로 외쳤습니다.
"오늘은 웬일이니? 유미의 얼굴이 아주 밝구나. 학교에서 기분 좋은 일이 있었니?"
어머니가 웃는 얼굴로 물었습니다.

"오늘 국어 시험에서 백점 맞았어요. 엄마, 뭘 사 주실래요?"

유미는 시험지를 내보이며 손을 내밀었습니다.

"어디 보자. 우리 유미가 정말 백점 맞았는가 보자."

어머니는 유미의 시험지를 받아들고 살폈습니다. 어머니의 얼굴이 훤히 밝아졌습니다.

"엄마, 백점 맞은 상으로 천 원만 주세요."

유미는 스스럼없이 손을 내밀었습니다.

"무얼 하려고?"

"문방구에 가서 장난감 사게요."

"공부하는 녀석이 장난감을 사재면 어떻게 하니?"

"공부만 자꾸 하면 어떻게 해요? 머리도 가끔 식혀야지요."

유미는 여전히 손을 내민 채 웃었습니다.

"내일은 시험 없니?"

어머니는 아무래도 돈을 주기가 싫은 모양입니다.

"받아쓰기 시험이 있어요."

"그럼 받아쓰기 시험도 백점 맞으면 그때 선물을 주지."

어머니는 쌀쌀맞게 말했습니다.

"엄마, 무슨 과목이든 백점만 맞으면 하고 싶은 대로 하라고 했잖아요?"

유미는 그만 시무룩해졌습니다.

"그땐 공부 열심히 하라고 그랬지."

유미는 강경하게 나오는 엄마 앞에서 더 우길 수가 없었습니다.

"엄마, 그러면 내일 받아쓰기 시험도 백점을 맞아 올 테니 그땐 무선조종 자동차를 사주셔야 돼요."

유미는 은근히 쐐기를 박았습니다.

"그때 가 봐서."

어머니는 말끝을 흐렸습니다.

"약속해 줘요. 그렇지 않으면 빵점 맞아 올래요."

유미는 떼를 썼습니다.

"애 봐라. 초등학생이 엄마한테 떼를 쓰네."

어머니가 어이없다는 듯 픽 웃었습니다.

"떼를 쓰는 게 아니에요. 꼭 사 주셔야 해요."

"무선조종 자동차가 값이 얼마나 나가는지 아니?"

"3만원이면 된대요. 우리 반 승일이가 생일 선물로 받은 자동차도 3만원이었대요."

"3만 원이 누구네 아이 이름인 줄 아니?"

어머니는 값이 너무 비싸다고 머리를 흔들었습니다.

"엄마~"

유미는 우는 시늉을 하면서 어머니의 치마폭에 매달렸습니다.

"알았다. 백점이나 맞아 오너라."

어머니는 마지못해 허락하고 말았습니다.

이튿날이 되었습니다.

학교에 가면서도 유미는 걱정이 태산 같았습니다. 백점 맞는다고 큰소리는 쳤지만 정말 자신이 없었습니다.

시험 중에서 받아쓰기 시험이 제일 싫었습니다. 또 받아쓰기만은 유달리 어려웠습니다. 지금까지 받아쓰기 시험은 백점 맞은 일이 없었습니다.

'어떻게 하면 백점을 맞아서 무선조종 자동차를 살 수 있을까?'

유미는 어머니와 한 약속이 머리에 떠올랐습니다.

셋째 시간에 받아쓰기 시험을 쳤습니다. 어머니와 한 약속이 계속 떠올라 문제를 잘 풀 수가 없었습니다.

겨우 문제를 다 풀었습니다. 시험이 끝나고 채점을 하였습니다. 유미 반에서는 학급에서 보는 시험 채점은 언제나 옆 짝과 바꾸어서 합니다. 선생님과 함께 문제를 풀면서 채점합니다. 채점이 다 끝나면 본인에게 돌려주어 확인을 시킵니다.

유미는 채점이 끝나고 시험지를 돌려받았습니다.

'어! 80점밖에 안 되는데. 이거 야단났다!'

유미는 그만 걱정이 앞섰습니다.

'이젠 무선조종 자동차가 아니라 엄마의 성난 얼굴만 남았네!'

유미의 얼굴이 하얗게 변했습니다.

'여기서 시험지를 몰래 고칠까?'

이렇게 생각하니 가슴이 두근두근 거렸습니다.

'에라 모르겠다. 몰래 시험지를 고치는 수밖에 없다!'

유미는 살짝 답을 네 개 고쳤습니다. 아이들이 떠들썩하는 바람에 유미가 시험지를 고치는 걸 아무도 눈치 채지 못했습니다.

"야! 이거 네 개 다 맞았는데 왜 틀렸다고 해놨어?"

유미는 시치미를 뗐습니다. 옆 짝은 영순이었습니다. 마음씨가 보드랍고 착한 아이였습니다.

"그럴 리가 없는데? 이상하다. 틀림없이 네 개 틀렸는데……."

영순이는 고개를 갸웃거리며 답을 다시 훑어봤습니다.

"내가 거짓말로 그러는 줄 아니?"

유미는 눈초리를 곤두세우며 영순이를 노려봤습니다. 영순이는 유미의 성난 얼굴에 질렸습니다. 고개를 갸우뚱거리며 점수를 고쳐주었습니다.

유미의 받아쓰기 시험은 그래서 백점이 되었습니다. 그러나 어제처럼 어깨가 가벼워지지 않았습니다. 아무래도 풋살구 씹은 맛이었습니다. 떨떠름하기가 그지없었습니다.

유미는 집에 와서도 부산을 떨지 않았습니다.

"시험지 내놔."

어머니가 먼저 손을 내밀었습니다.

"여기 있어요."

유미는 어머니의 눈치를 슬금슬금 살피며 시험지를 내밀었습니다.

"백점은 백점인데 자신 있는 백점이 아닌 것 같구나."

어머니의 말에 유미의 가슴은 바늘에 찔린 듯했습니다.

"백점도 고친 백점이 있는가 보구나."

어머니는 혼자 중얼거리면서 시험지를 이리저리 살폈습니다.

도둑이 제 발 저린다고 했습니다. 가만히 있자니 마음이 쑤시는 듯 아팠습니다.

"이 엄마는 못 속여. 다른 사람은 속일 수 있어도 엄마는 어림도 없어. 이 백점은 엉터리지?"

어머니의 얼굴이 굳어지기 시작했습니다. 조금 전에 웃던 모습은 온데간데없었습니다. 유미는 그만 기가 푹 죽었습니다.

"바른대로 대답해야 한다. 이 점수 엉터리지?"

어머니의 치켜 뜬 무서운 눈을 더 피할 수는 없었습니다.

"엄마, 잘못했어요. 무선조종 자동차가 갖고 싶어 시험지를 고쳤어요."

유미는 겁에 질려 그만 울음보를 터뜨렸습니다. 어머니는 너무도 어이가 없어 한동안 유미를 물끄러미 바라보기만 하였습니다.

"이런 놈이 있나? 자기를 속이다니. 아이쿠, 이 엄마는 너무도 실망했구나. 이걸 어쩌면 좋으니?"

어머니도 마침내 유미를 붙잡고 흔들면서 울었습니다.

"여름도 아닌데 웬 매미가 이렇게도 시끄럽게 울어?"

이때 아버지가 회사에서 돌아 오셨습니다. 이 광경을 보고 아버지는 눈이 둥그레져서 말했습니다.

어머니는 아버지에게 유미가 고친 시험지 이야기를 하였습니다.

"썩 잘한 짓이군."

아버지는 유미를 비웃었습니다. 잘한 짓이라니 그 정반대의 뜻입니다.

"유미야, 시험 보는 목적이 뭐니?"

유미는 아버지의 물음에 대답을 못했습니다.

"백점 맞는 게 목적이니?"

유미는 고개를 살래살래 흔들었습니다.

"그럼 시험 보는 목적이 무엇이니?"

아버지의 목소리는 좀처럼 누그러지지 않았습니다.

"당신도 유미와 똑 같아. 백점, 백점하고 노래를 부르니 유미가 그만 거짓말쟁이가 된 거야. 시험은 백점이 전부가 아니야. 틀린 것도 뜯어고치고 해서 백점 맞으면 뭘 하니? 커서 어른이 되어도 그 버릇은 못 고쳐. 나 하나쯤이야 하고 아무렇게나 해서 목적을 이루면 된다고 하는 생각이 꽉 차게 되는 거야. 그런 사람들이 우리 사회에 많아 봐. 나라가 잘 될 것 같아?"

아버지의 화는 조금도 풀어지지 않았습니다.

"아빠, 잘못했어요. 다시는 이런 짓을 하지 않겠어요."

유미가 잘못을 빌었습니다.

"약속하겠니?"

"꼭, 약속하겠어요."

"알았다. 그러면 네가 갖고 싶은 무선조종 자동차를 사 주마."

"자동차를 사주신다고요?"

유미는 깜짝 놀랐습니다. 시원시원하게 대답하는 아버지의 말이 좀처럼 믿어지지 않았습니다. 눈만 끔벅거리고 있었습니다.

"목적을 위해서 수단과 방법을 가리지 않는 행동은 남에게 피해를 주게 된단다. 백점을 안 맞아도 좋아. 열심히 공부하고 양심대로 실천하면 돼. 자, 아빠랑 무선조종 자동차를 사러 가자."

아버지는 유미의 손을 잡고 밖으로 나갔습니다.

"이젠 자동차가 필요 없는데요?"

유미는 겸연쩍게 웃었습니다.

"공부에 싫증이 나면 머리도 식힐 겸 무선조종 자동

차를 조종하는 것도 괜찮아."

아버지는 유미를 바라보며 씽긋 웃었습니다. 유미의 어깨가 이제는 가벼워졌습니다.

"너무 비싼 것 사지 않아도 돼요."

유미의 말에 아버지도 고개를 끄덕였습니다.

* 내용을 다시 생각해 볼까요?

1. 유미는 왜 답안지를 고쳤을까요?

2. 아빠가 유미에게 무선조종 자동차를 사주며 한 말은 무엇인가요?

* 나라면 어떻게 할까요?

1. 백점을 맞으려면 어떻게 해야 할까요?

2. 내가 가장 갖고 싶었던 장난감은 무엇이었나요? 또 그것을 어떻게 갖게 되었나요?

3. 가장 최근에 엄마나 아빠에게 떼를 쓴 이유는 무엇인가요?

미꾸라지

"미꾸라지야, 어디를 가려고 쏙쏙 빠져나오니?"

한내의 별명은 미꾸라지입니다. 무슨 일이 있으면 쥐도 새도 모르게 슬쩍 빠져나오곤 해서 붙은 별명입니다.

종회가 끝났습니다. 아이들이 우르르 몰려나가고 청소 당번만 남았습니다. 한내는 오늘 청소 당번입니다. 청소하기가 은근히 싫었습니다.

'무슨 좋은 수가 없을까?'

한내는 벌써 청소에서 빠질 궁리부터 했습니다.

"아이고 배야."

한내는 배를 움켜쥐고 주저앉아 아픈 시늉을 했습니다.

'또 꾀병이 도졌구나.'

아이들은 배를 움켜쥐고 있는 한내를 보며 빈정거렸습니다. 그러나 대놓고는 말을 못했습니다. 잘못 말하면 쥐어 박히기가 일쑤였습니다. 한내가 미웠지만 겉으로 표현하지 못하고 벙어리 냉가슴 앓기만 했습니다.

"약국에 가서 약을 사 먹어야겠어. 아이고, 배야."

한내는 배를 움켜쥐고 슬금슬금 교실을 빠져나갔습니다. 꾀병이란 걸 알지만 그렇다고 병이 아니라고 우길 수도 없었습니다.

한내는 교실을 빠져나오기가 무섭게 교문을 향해 쏜

살같이 달려갔습니다. 빠르기가 번개 같았습니다. 아니 발에 바퀴가 달린 듯했습니다. 그냥 주르르 운동장을 미끄러져가는 듯했습니다.

'나 한 사람 청소 안 해도 다른 사람이 다 하는데.'

한내는 이렇게 생각하며 콧노래를 불렀습니다.

"한내는 역시 미꾸라지야. 역시 쏙쏙 빠져나오는 재주는 아주 놀랍단 말이야."

교문 밖에서 한내를 기다리던 옆 반 창식이가 빈정거렸습니다. 한내는 창식이와 서점에 가기로 약속을 하였습니다.

"내가 누구니?"

한내는 어깨를 으쓱해 보이며 뽐냈습니다.

"어쭈, 넌 내일 죽었다. 오늘 일을 너희 선생님이 모르실 줄 아니?"

창식이가 은근히 겁을 주었습니다.

"잔소리 말고 어서 가자. 오늘은 어떤 책을 읽을까?"

한내가 웃으며 말했습니다.

서점은 한내와 창식이네 집에서 그리 멀지 않았습니다. 해가 질 때까지 재미있게 책을 읽었습니다.

서점에서 나온 한내와 창식이는 집까지 업어주기로 하는 가위 바위 보를 했습니다. 그런데 큰소리쳤던 한내가 그만 지고 말았습니다.

"에잇 재수 없네."

한내는 투덜거리면서 창식이를 업고 집으로 향했습니다. 지나가는 사람들이 힐끔 쳐다보고 갔습니다. 창피했지만 참을 수밖에 없었습니다. 이것도 약속인데 지키지 않을 수 없었습니다. 끙끙거리면서 창식이를 업고 걸었습니다.

"아! 기분 좋다."

창식이는 업혀서 깔깔 웃었습니다.

"내일은 무거운 나를 업고 다니자면 꽤 힘들걸."

한내는 분풀이를 하고 싶었습니다. 금방이라도 땅에 내려놓고 싶었습니다.

"그래? 내 등에 업히긴 퍽 어려울 걸. 네 가위 바위 보 실력이 어디 나를 따라잡을 수 있겠어?"

창식이는 계속 놀렸습니다.

"자꾸 그러면 여기 그냥 내려놓는다. 자꾸 화나게 할 테야?"

"여기서 내려놓으면 약속 위반이야. 마음대로 해봐."

창식이는 배짱 좋게 나왔습니다. 속상한대로 하자면 당장 내려놓고 싶었습니다. 그러나 울며 겨자 먹기로 끙끙대며 집 앞까지 업고 갔습니다.

이튿날이었습니다.

"한내는 지금쯤 배가 아파 죽었는지 알았는데 용케도 살아왔군."

학교에 가니까 선생님이 가시 돋친 말을 하였습니다.

"약을 먹었더니 배가 감쪽같이 나았어요."

한내는 머리를 긁적이며 빙긋 웃었습니다.

"그래서 힘이 펄펄 솟아서 창식이를 업고 갔군 그래."

"예?"

한내는 그만 눈이 휘둥그레졌습니다.

'어떻게 그걸 아셨을까?'

한내는 고개를 갸웃거렸습니다. 아무리 생각해도 선

생님이 보시지는 않았을 것인데 참 이상했습니다.

'그럼, 창식이가 일러바쳤단 말인가?'

그렇게 생각해봤지만 창식이가 그렇게 가벼운 사람이 아니라고 믿었습니다.

"오늘은 화장실 청소다. 혼자 향기를 실컷 맡아 보도록."

선생님은 호된 꾸지람과 함께 화장실 청소하는 벌을 내리셨습니다.

'아이쿠! 망했구나.'

한내는 그만 얼굴을 찡그렸습니다. 오늘은 혼자서 청소를 하니 아무리 꾀를 피워도 빠져 나갈 수 없을 것 같습니다.

'자식들! 누가 고자질했지? 어디 두고 보자. 누군지 알면 국물도 없다. 아니 뼈다귀도 못 추릴 거다!'

한내는 어금니를 물고 별렀습니다.

참으로 별난 애도 다 있지요. 자기한테 나쁜 일이면

이를 물고 벼르고 있다니 이건 말도 안 되잖아요.

한내는 어제 청소 당번이었던 아이들의 얼굴을 하나 하나 훑어보았습니다. 그러나 별다른 낌새를 맡을 수 없었습니다. 저쪽 창가에서 형식이가 싱글벙글 웃고 있었습니다.

'옳지, 저 애가 그랬구나. 나를 비웃고 있는 걸 보니 틀림없어.'

한내는 이렇게 넘겨짚었습니다.

수업이 시작되었습니다. 분이 끓어올라 선생님의 말씀이 귀에 잘 들어오지 않았습니다.

수업이 끝났습니다. 선생님이 교실을 나가자 한내는 자리에서 벌떡 일어났습니다. 형식이 쪽으로 가려고 하였습니다. 그때였습니다.

누가 뒤에서 어깨를 툭 쳤습니다. 회장인 오훈이었습니다.

"한내야, 나 좀 보자."

오훈이는 한내를 교실 밖의 복도로 데리고 갔습니다.

"너 형식이와 싸우려고 그러지? 형식이 쪽을 노려보는 걸 보니 틀림없어. 그렇지?"

"그래, 어쩔래?"

"난 네 마음 다 알고 있어. 어제 청소 안했다고 고자질한 애가 형식이라고 생각하지?"

"그래."

"그건 헛짚었어. 어제 선생님께서 청소하는 모습을 보시려고 교실에 오셨다가 네가 없는 걸 금방 아셨어. 아이들은 네가 잠시 화장실에 갔다고 말씀드렸지만 선생님께서는 '그놈 또 미꾸라지처럼 빠졌군!' 하셨단 말이야."

"그럼, 내가 창식이를 업고 간 건 선생님이 어떻게 아셔?"

"응, 그건 내가 이야기했지."

오훈이는 능글맞게 웃었습니다.

"직접 보지도 않고 그렇게 말할 수 있어?"

한내는 화가 나서 씨근덕거렸습니다.

"오늘 아침에 창식이가 그러더라. 가위 바위 보를 해서 이겨 한내에게 업혔다고."

한내는 그제야 알았습니다.

"나는 창식이의 말이라면 믿거든. 늘 두터운 신임을 얻고 있는 애니까."

"어디 맛좀 봐라."

한내는 창식이를 별렀습니다.

"넌 그게 탈이야. 아이들은 네 행동을 감싸주려 했는데 도리어 아이들을 의심하다니."

오훈이는 이 말 한마디를 남기고 교실로 들어갔습니

다.

 그때 창식이가 화장실 갔다가 자기 반 교실로 들어가는 걸 보았습니다. 한내는 머리를 쏘옥 들이밀고 창식이를 곁눈질했습니다. 복도로 좀 나와 달라는 시늉을 하였습니다.

"메롱."

 창식이는 혀를 날름거리며 놀려댔습니다. 그때 창식이네 선생님이 교실로 들어갔습니다.

 '아휴! 저걸!'

 선생님만 아니었더라면 쫓아 들어가서 창식이를 쥐어박았을 것입니다. 주먹만 불끈 쥐고 한내는 교실로 들어왔습니다.

 형식이는 여전히 싱글벙글거리며 옆 짝과 떠들고 있었습니다. 형식이에겐 조금 미안했습니다. 괜히 죄 없는 형식이에게 의심을 품었기 때문이었습니다.

 '내가 잘한 일도 아닌데 왜 화를 낼까?'

한내는 자기가 생각해 봐도 조금 우습기도 하였습니다.

'방귀 뀐 놈이 성낸다더니 내가 그 꼴이네.'

그렇게 생각해 보니 싱겁기 그지없었습니다.

'그래, 다 내 탓이야. 누구를 탓할 수 없지.'

이렇게 생각하니까 한내의 마음은 조금 가벼워지는 듯했습니다.

수업을 마치고 한내는 혼자 화장실 청소를 끙끙거리며 했습니다. 물을 길어다 붓고 쓸고 걸레로 닦았습니다. 정말 냄새가 지독했습니다.

'선생님이 말씀하신 향기는 꼭 이런 건가 보지.'

한내는 코를 킁킁거리며 화장실을 나왔습니다. 냄새가 온몸에 덕지덕지 묻은듯했습니다.

한내는 수돗가로 갔습니다. 수돗물을 콸콸 틀어 놓고 얼굴을 씻고 발과 팔도 빡빡 씻었습니다. 몇 번이나 헹구고 씻곤 했습니다. 그래도 냄새는 완전히 달아

나지 않은 듯했습니다. 옷에다 코를 갖다 댔습니다. 옷에 묻은 냄새는 떨쳐지지 않았습니다.

'옷을 홀랑 벗어 팍팍 씻을까?'

생각 같아서는 그러고 싶었습니다. 그렇다고 홀딱 벗을 수야 있겠습니까?

'이게 다 내가 잘못한 벌로 받는 향기로구나.'

한내는 코를 쿵쿵거리며 교실로 들어갔습니다. 선생님이 계셨습니다. 아이들이 돌아간 텅 빈 교실은 너무도 고요했습니다.

"한내야, 오늘 화장실 향기가 어떠하였니? 매우 향긋했지?"

한내는 그저 씽긋 웃기만 했습니다.

"네 할 일 안하고 또 미꾸라지처럼 쏙쏙 빠지겠니?"

"아니요. 이제는 그런 일이 없을 거예요."

"정말이지?"

"예. 제 잘못을 두고 남의 탓은 안하겠어요. 제 탓이라고 여기겠습니다."

"하하하. 화장실 향기를 한 번 맡더니 이렇게 딴 사람으로 변했네. 앞으로 말을 잘 듣지 않는 아이들에게 향긋한 그 향기를 맡도록 해야겠어."

선생님은 눈망울을 빙글빙글 굴리면서 자리에서 일어섰습니다. 한내는 가슴에 조용히 손을 얹었습니다.

'선생님, 화장실 향기는 한 번 맡은 것으로 만족합니다. 두 번 다시는 맡지 않을 테에요.'

한내는 이렇게 생각했습니다. 마음이 한결 가벼워졌습니다.

* 내용을 다시 생각해 볼까요?

1. 한내는 왜 청소를 안 하고 미꾸라지처럼 빠져 나갈 생각을 했나요?

2. 방귀 뀐 놈이 성낸다는 속담은 무슨 뜻인가요?

3. 한내가 형식이가 고자질을 했다고 생각한 이유는 무엇일까요?

* 나라면 어떻게 할까요?

1. 친구와 놀기로 약속한 날 청소 당번이라면 여러분은 어떤 행동을 할 것인가요?

2. 자기의 잘못으로 벌을 받은 적이 있다면 벌을 받으면서 어떤 생각을 했나요?

쓰디쓴 말

'생각 같아서는 한 방 쥐어박고 싶은데…….'

기철이는 호령이만 보면 주먹이 불끈 쥐어집니다. 그러나 생각처럼 행동할 수는 없습니다.

그렇게 하면 깡패나 다름없는 사람이 될 게 아닙니까? 결코 옳은 일이 아님을 알고 있습니다. 그저 속만 썩이고 있었습니다. 벙어리 냉가슴 앓 듯하고 있습니다.

호령이는 기철이와 같은 반입니다. 둘이는 덩치가 비슷합니다.

기철이는 조금 짓궂은 데가 있었습니다. 장난이 좀 심한 편이지요. 장난을 치면 다른 애들은 아무 소리도 안하는데 호령이만은 꼭 한마디씩 거들었습니다.

"기철아, 넌 힘세다고 아이들을 마구 쥐어박으면 되겠니?"

"내 마음이야."

기철이는 이렇게 시큰둥하게 대답을 하고는 장난을 그만 둡니다. 그렇지만 화가 치밀어 오르는 건 어쩔 수 없었습니다.

학교에서 돌아오는 길이었습니다. 너무 더웠습니다. 아버지한테서 받은 용돈으로 가게에 들러 아이스크림을 샀습니다.

"아! 시원하고 달콤하다."

기철이는 아이스크림을 줄줄 빨면서 걸었습니다. 기

철이는 아이스크림 봉지를 길에다 버렸습니다.

 이때였습니다.

 "기철아, 먹는 것은 좋은데 봉지를 길거리에다 버리면 되니? 옆에 휴지통도 있는데……."

 어느새 왔는지 호령이는 기철이가 버린 아이스크림 봉지를 주워 휴지통에 넣었습니다.

 기철이의 얼굴이 고추잠자리처럼 빨개졌습니다. 아이스크림 봉지를 일부러 버린 건 아니었습니다. 그러나 잘못한 건 틀림없습니다. 호령이가 봤

으니 변명해도 소용이 없었습니다.

'네가 뭔데 참견이야. 내가 종이를 버리든 말든.'

기철이는 이렇게 쏘아주고 싶었습니다. 그러나 그럴 수는 없었습니다. 참을 수밖에 없었습니다.

'내가 잘한 것도 아닌데.'

기철이는 아무 말 없이 집을 향해 걸었습니다.

'호령이, 너하고는 절대로 같이 놀지 않을 거야. 어쩌다보면 실수도 할 수 있는 건데. 너는 뭐 실수하지 않을 줄 알아. 어디 두고 보자. 털어서 먼지 안 나는 사람 없다고 하더라.'

기철이는 어금니를 꽉 물면서 별렀습니다.

"기철아."

어디서 부르는 소리가 났습니다. 기철이가 두리번두리번 살폈습니다. 그러나 부르는 소리만 났지 소리의 주인공은 나타나지 않았습니다.

"기철아."

코맹맹이 소리가 또 들렸습니다. 기철이는 은근히 화가 났습니다. 주먹을 불끈 쥐고 눈을 크게 떴습니다.

"이 바보야, 여기 있는 것도 모르니? 호호호."

누나가 가게에서 쪼르르 뛰어나왔습니다. 기철이의 얼굴은 일그러지기 시작했습니다. 주먹을 불끈 쥐고 누나를 향해 달려들었습니다. 누나는 재빨리 집을 향해 뛰어갔습니다. 기철이는 씨근덕거리며 누나의 뒤를 따라 달렸습니다.

"군것질하다 창피 당했으니 잘 되었지. 백 번 창피당해도 싸지 뭘."

누나는 혀를 내밀면서 놀려댔습니다. 누나는 기철이가 군것질하다 호령이에게 무안당하는 걸 본 모양입니다. 기철이는 더욱 화가 나 견딜 수 없었습니다.

"붙잡으면 가만히 놔두지 않겠어."

기철이는 악을 써 봤지만 누나를 붙잡을 수 없었습

니다.

'참으로 재수 없는 날이네. 뒤로 넘어져도 코가 깨진다더니 내가 꼭 그 꼴이네. 아이스크림 하나 사 먹다가 이렇게 놀림을 당하다니……'

기철이는 투덜거리며 대문으로 들어섰습니다.

"기철아, 네 얼굴이 왜 그러니? 왜 그렇게 일그러져 있어?"

어머니가 기철이의 아래위를 살피면서 말했습니다.

"몰라."

기철이는 외마디 소리를 내질렀습니다.

"꼭 종로에서 뺨 맞고 한강에 와서 눈 흘기는 꼴이네."

어머니가 아주 못마땅한 얼굴이 되었습니다.

"엄만 몰라도 돼."

기철이는 또 퉁명스럽게 말했습니다.

"어! 어디서 심통이 났는지는 모르는데 그 자리에서

는 아무 소리 못하고 왜 집에 와서 화풀이니?"

"엄마, 기철이가 군것질하다 호령이에게 주의를 받아서 저래요."

어머니의 말에 누나가 끼어들었습니다.

"누나, 그냥 안 둘 테야."

기철이는 누나를 향해 달려들었습니다.

"용용 죽겠지."

누나는 혀를 내밀며 여전히 기철이를 골렸습니다. 누나는 미꾸라지처럼 잘도 빠져 다녔습니다.

"기철아, 그만두지 못하겠니?"

어머니의 목소리가 날카로워졌습니다.

"왜들 그러니?"

할아버지가 방에서 나오셨습니다. 통통거리며 뛰어다니던 기철이가 그만 멈칫 섰습니다. 기철이는 할아버지 앞에서만은 꼼짝도 못했습니다.

"아무리 속이 상해도 누나한테 달려들어서야 되니?"

할아버지는 기철이와 누나를 자리에 앉혔습니다.

"기철이가 비단개구리처럼 얼굴이 붉으락푸르락 하는 까닭이 뭔지 어디 한번 들어보자."

할아버지의 목소리는 낮게 가라앉았습니다.

"아주 잘됐다. 누나에게 덤벼드는 놈은 혼이 나야지."

어머니가 한마디 했습니다. 기철이의 눈엔 금세 눈물이 글썽거렸습니다.

'완전히 동네북이 되었네.'

기철이는 속이 부글부글 끓기만 했습니다.

"왜 대답이 없어? 어서 곧이곧대로 말해 보아라."

할아버지의 목소리가 조금 커졌습니다. 기철이는 머리만 긁적였습니다.

"아주 잘못한 일이 있었나보군."

할아버지의 눈썹이 곤두서기 시작했습니다.

"할아버지……."

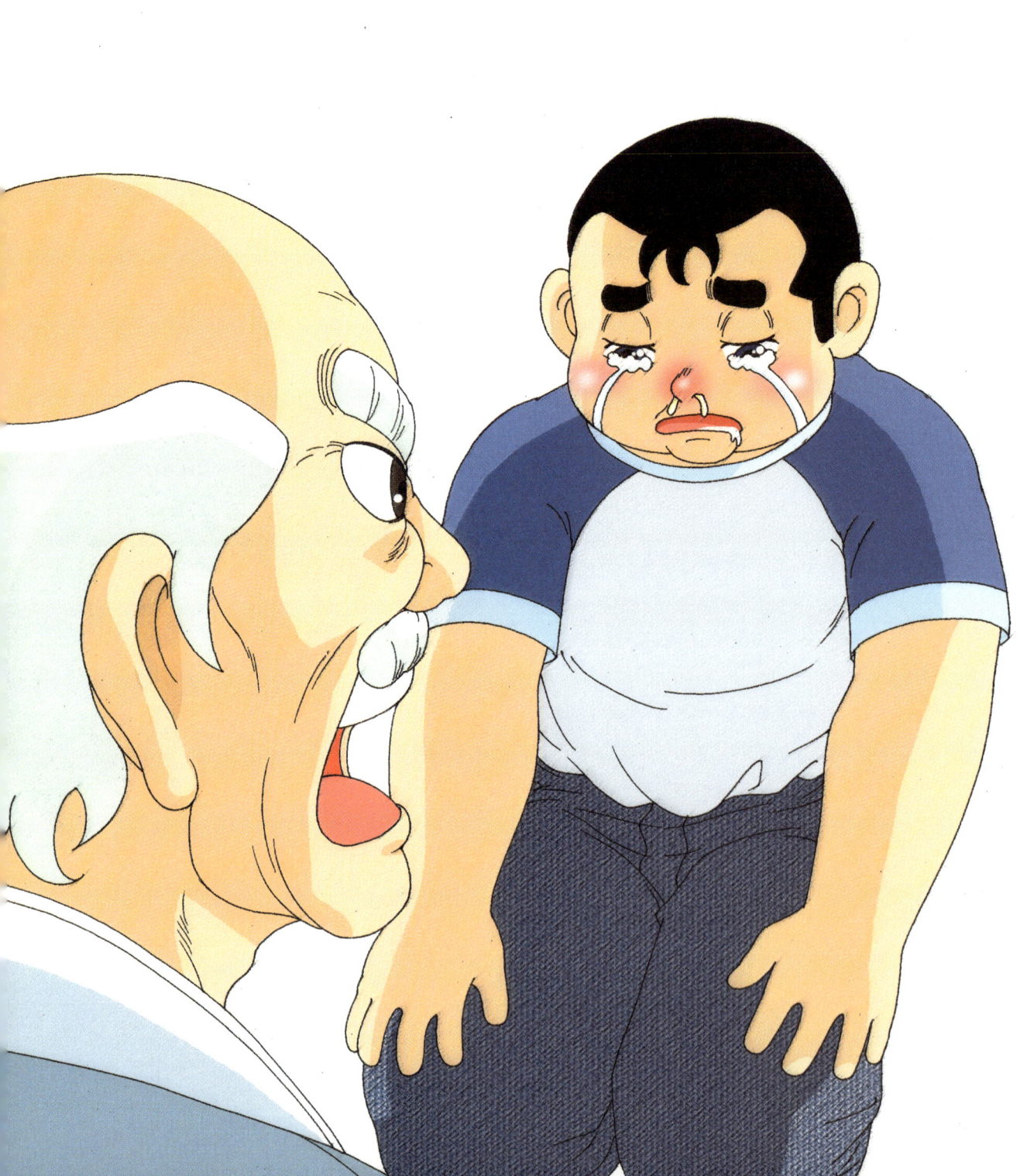

기철이의 말소리는 자꾸 속으로 기어들어 갔습니다.

"뭘 꾸물거리니?"

할아버지의 말에 기철이는 풋살구 씹는 얼굴이 되었습니다.

'하찮은 일인데 이렇게 꼬투리가 잡혔으니 어떻게 하지?'

진퇴유곡이란 말이 이럴 때 쓰이는 말이라고 여겼습니다.

'오도 가도 못하는 신세가 되었으니 이걸 어쩐담.'

기철이는 다시 한 번 할아버지를 쳐다봤습니다.

"빨리 말을 못할까?"

할아버지가 버럭 고함을 질렀습니다. 기철이는 그만 고양이 앞에 쥐가 되고 말았습니다.

"학교에서 돌아오다 가요……."

기철이는 모기소리 만하게 이야기를 꺼냈습니다.

"쥐구멍에라도 들어가야 할 부끄러운 행동을 했구

나."

이야기를 다 들은 할아버지는 기철이를 바라보며 굳은 얼굴이 풀어졌습니다.

"그 호령이라는 아이가 아주 훌륭하구나. 친구의 잘못을 꼬집어주는 일이 얼마나 어려운건지 아니?"

기철이는 멍하니 할아버지를 쳐다봤습니다.

"양약고구라는 말이 있느니라."

"그게 무슨 뜻이에요?"

기철이가 눈을 둥그렇게 뜨고 물었습니다. 혼이 날 줄 알고 몹시 긴장하였는데 할아버지의 부드러운 목소리에 그만 마음이 놓였습니다.

"효과가 있는 좋은 약은 입에 넣을 때 쓰다는 뜻이란다."

"할아버지, 약은 다 쓰던데요?"

"그러니까 몸에 좋은 거 아니니? 감기에 걸렸을 때 먹은 약은 아주 썼지?"

기철이는 고개를 끄덕였습니다.

"자기에게 충고하는 말은 좋은 말일수록 쓴 약처럼 거슬린단다. 공자님께서 이렇게 말씀하셨지. '좋은 약은 입에는 쓰지만 병에는 이롭고, 충고하는 말은 귀에 거슬리지만 나의 행실에는 이롭다'라고 했단다. 임금이 잘못을 저지르면 신하가 임금의 잘못을 말하여야 하고, 아버지가 잘못을 저지르면 자식들이 아버지의 잘못을 말하여야 하고, 형이 잘못을 저지르면 동생이 형의 잘못을 말하여야 하고, 동생이 잘못을 저지르면 형이 동생의 잘못을 말하여야 한단다. 무슨 뜻인지 알겠니?"

기철이는 할아버지의 말에 다시 고개를 끄덕였습니다.

"너의 잘못을 꼬집어준 그 호령이가 너에겐 참다운 친구야. 호령이가 그런 말을 해주지 않았다면 너는 앞으로도 아이스크림 봉지를 길에다 계속 버릴지도

모르잖니? 모두들 자기의 잘못을 꼬집어주면 그것을 고깝게 듣기가 일쑤지. 자기에게 아주 좋은 약이 되는 말인 줄 모르니까 안타깝기 그지없지. 사람들은 자기의 잘못을 꼬집어주면 싫어하는 게 탈이야."

할아버지는 기철이를 은근히 바라봤습니다. 기철이는 그만 고개를 숙였습니다.

"대통령도 봐라. 국민들의 올바른 소리를 들으려고 항상 애쓰고 있잖니? 큰 사고가 났을 때를 생각해봐라. 대통령이 국민에게 사과하잖니? 공무원들을 잘 보살피지 못하여 그렇게 되었다고 말이야. 그런 큰 사고가 나도록 정부에선 무얼 했느냐고 국민들의 채찍소리가 빗발치듯했지. 대통령은 고개 숙이고 국민의 소리를 귀담아들은 거야. 국민의 소리를 여론이라고 한단다. 대통령은 국민의 여론을 제일 두렵게 생각하지. 그런 대통령이 있는 민주주의 나라는 발전하고 세계에서 으뜸가는 나라가 되지."

할아버지는 연설하는 듯했습니다.

"할아버지, 저는 대통령은 마음대로 하는 줄 알았어요."

"그 생각이 아주 잘못이야. 입에 쓴 국민의 말을 받아들여 나라를 일으켜야 한단다. 물론 대통령도 사람이라 잘못이 있을 수도 있단다."

할아버지는 다시 기철이의 얼굴을 살피며 이야기를 계속했습니다.

"호령이라는 애가 우리 기철이가 미워서 그러는 거라 생각하니?"

"아니요."

"아니긴 뭐가 아니야. 마음속으로는 호령이를 미워해 놓고는."

그제야 기철이가 고개를 끄덕였습니다.

"만일 호령이가 너처럼 그랬을 때 너도 호령이처럼 충고할 수 있었겠니?"

기철이는 쉽게 대답을 못했습니다.

다음 날이 되었습니다.

기철이는 호령이를 불러내어 고맙다고 인사를 하고 싶었습니다. 일요일이라 조금 늦게 일어났지만 아침 먹기가 바쁘게 호령이네 집으로 향했습니다.

뒤에서 오토바이 소리가 났습니다. 기철이는 길을 비켜 주었습니다.

'쿵!'

기철이는 그만 길바닥에 넘어졌습니다. 오토바이에 치어 넘어진 게 아니고 오토바이에 실린 커다란 짐에 부딪쳐 넘어졌습니다. 기철이는 한참동안 정신이 없었습니다.

병원에 실려가 치료를 받았습니다. 다친 데는 없고 무릎이 벗겨졌습니다. 약을 바르고 집으로 돌아왔습

니다.

"그만했으니 다행이다. 마음을 예쁘게 쓰면 행운이 오는 법이야. 다른 데를 크게 다쳤으면 어떻게 할 뻔 했니?"

할아버지는 기철이의 머리를 쓰다듬어주면서 위로하였습니다.

"기철아!"

밖에서 부르는 소리가 들렸습니다. 호령이의 목소리였습니다. 누나가 재빨리 나가 대문을 열었습니다.

"호령이가 웬일이니?"

"시골에서 할머니가 가져 오신 떡이야. 기철이의 할아버지께 드리라고 하셨어."

호령이는 대문을 들어서면서 말했습니다.

"아이고, 고맙기도 하여라. 어서 오너라."

어머니가 호령이의 손에 들린 떡그릇을 받으면서 반갑게 맞았습니다.

"호령아, 고맙다."

기철이가 자리에서 일어나면서 인사했습니다.

"왜 다리를 저니?"

호령이가 눈을 둥그레 뜨면서 물었습니다. 기철이는 그저 씽긋 웃기만 하였습니다.

"호령이한테 고맙다는 인사를 하려고 가다가 그만 오토바이 때문에 길바닥에 넘어졌단다."

어머니가 대신 대답했습니다. 호령이는 무슨 말인지 몰랐습니다.

"어제 네가 길거리에 아이스크림 봉지를 버리면 안 된다고 했잖니? 그때는 네가 못마땅했는데 할아버지의 말씀을 듣고 보니 정말 네가 고마웠어. 네가 아니었다면 나는 아직도 아무렇게나 길거리에다 휴지를 마구 버렸을 거야. 나에게 한 충고가 너무 고마워. 참다운 친구가 어떤 것인지 이제야 알았어."

"뭘 그걸 가지고. 난 기철이 네가 미워서 그런 게 아

니었잖아."

"그러니까 고맙다는 거 아니니?"

"알았어. 그러나 큰일 날 뻔했다."

호령이는 기철이를 앉히며 빙그레 웃었습니다. 호령이는 기철이의 다리를 살며시 만지며 위로했습니다.

* 내용을 다시 생각해 볼까요?

1. 기철이에게 호령이는 어떤 친구인가요?

2. 뒤로 넘어져도 코가 깨진다는 속담은 무슨 뜻인가요?

3. 오도 가도 못하는 신세가 되었다는 뜻을 가진 본문에 나오는 한자성어는 무엇인가요?

4. 효과가 있는 좋은 약은 입에 넣을 때 쓰다는 뜻을 가진 본문에 나오는 한자성어는 무엇인가요?

* 나라면 어떻게 할까요?

1. 나는 기철이와 호령이 중 누구와 닮았나요?

2. 나에게 기철이와 같은 친구가 있나요?

3. 나에게 호령이와 같은 친구가 있나요?